ESTE LIVRO PERTENCE A

_____

CB004711

Dados Internacionais de Catalogação na Publicação (CIP)
(Câmara Brasileira do Livro, SP, Brasil)

Meu pequeno Evangelho : livro de atividades /
[texto Mauricio de Sousa, Luis Hu Rivas, Ala
Mitchell ; ilustrações Emy T. Y. Acosta]. --
Catanduva, SP : Boa Nova Editora ; São Paulo :
Mauricio de Sousa Editora, 2015.

ISBN 978-85-8353-025-1

1. Espiritismo - Literatura infantojuvenil
2. Evangelho - Literatura infantojuvenil
3. Evangelho espírita para crianças I. Sousa,
Mauricio. II. Rivas, Luis. III. Mitchell, Ala.
IV. Acosta, Emy T. Y..

15-04170   CDD-028.5

Índices para catálogo sistemático:

1. Evangelho : Literatura infantil 028.5
2. Evangelho : Literatura infantojuvenil 028.5

8ª edição
Do 50º ao 53º milheiro
3.000 exemplares
Outubro/2023

Equipe Boa Nova

Diretor Presidente:
Francisco do Espirito Santo Neto

Diretor Editorial e Comercial:
Ronaldo A. Sperdutti

Diretor Executivo e Doutrinário:
Cleber Galhardi

Editora Assistente:
Juliana Mollinari

Produção Editorial:
André L. L. de Oliveira e Ana Maria Rael Gambarini

2015
Direitos de publicação desta edição no Brasil
reservados para Instituto Beneficente Boa Nova
entidade coligada à Sociedade Espírita Boa Nova
Av. Porto Ferreira, 1031 | Parque Iracema
Catanduva/SP | 15809-020 | Tel. (17) 3531.4444
www.boanova.net

O produto da venda desta obra é destinado
à manutenção das atividades
assistenciais da Sociedade Espírita Boa Nova,
de Catanduva, SP.
1ª Edição 10.000 exemplares

Estúdios Mauricio de Sousa

Presidente: Mauricio de Sousa

Diretoria: Alice Keico Takeda, Mauro Takeda
e Sousa, Mônica S. e Sousa

**Mauricio de Sousa é membro
da Academia Paulista de Letras (APL)**

Direção de Arte
Alice Keico Takeda

Diretor de Licenciamento
Rodrigo Paiva

Gerente Editorial
Sergio Alves

Editor
Sidney Gusman

Assistente Editorial
Lielson Zeni

Layout
Robson Barreto de Lacerda

Revisão
Ivana Mello

Editor de Arte
Mauro Souza

Coordenação de Arte
Irene Dellega, Nilza Faustino

Assistente de Departamento Editorial
Anne Moreira

Desenho
Emy T. Y. Acosta

Arte-final
Clarisse Hirabayashi, Romeu Takao Furusawa

Cor
Giba Valadares, Kaio Bruder,
Marcelo Conquista, Mauro Souza

Designer Gráfico e Diagramação
Mariangela Saraiva Ferradás

Supervisão Geral
Mauricio de Sousa

EDITORA

Condomínio E-Business Park - Rua Werner Von Siemens, 111
Prédio 19 – Espaço 01 - Lapa de Baixo – São Paulo/SP
CEP: 05069-010 - TEL.: +55 11 3613-5000

DIA DE APRENDIZADO

VAMOS COLORIR O DESENHO?

A TURMINHA VAI CONHECER O EVANGELHO
COM AS MENSAGENS DE AMOR QUE JESUS ENSINA
PARA ILUMINAR OS NOSSOS CORAÇÕES.

O PRIMO ANDRÉ

A TURMA DA MÔNICA RECEBE A VISITA DE ANDRÉ, UM PRIMO DO CASCÃO QUE VAI APRESENTAR PARA AS CRIANÇAS CONCEITOS DO EVANGELHO QUE TODOS PODEMOS USAR NO DIA A DIA!

VAMOS COMPLETAR OS DESENHOS?

MENSAGENS

MEU PEQUENO EVANGELHO TRAZ LINDAS MENSAGENS DE AMOR, CARIDADE E HUMILDADE, CONTADAS DE FORMA DIVERTIDA COM OS PERSONAGENS MAIS QUERIDOS DO BRASIL!

LIGUE CADA PARSONAGEM À SUA RESPECTIVA SOMBRA!

BOA NOVA

O EVANGELHO, OU "BOA NOVA", NASCEU NO CORAÇÃO
DE JESUS PARA ILUMINAR OS NOSSOS CORAÇÕES!

VAMOS COLORIR O DESENHO?

SOBRE O AMOR

UMA PALAVRA DE AMOR, DITA NO MOMENTO CERTO,
PODE MUDAR UMA VIDA!

VIRTUDE	VIOLÊNCIA	PAZ	HUMILDADE
MISERICÓRDIA	FÉ	MENTIRA	PERFEIÇÃO
CARINHO	RAIVA	PIEDADE	FELICIDADE
BEM	TRABALHO	CARIDADE	SERVIÇO
PERDÃO	DOAÇÃO	INVEJA	PUREZA
AMOR		VINGANÇA	INDULGÊNCIA

MARQUE COM UM CÍRCULO AS PALAVRAS
QUE NÃO COMBINAM COM AMOR AO PRÓXIMO.

ENCONTRE ESSAS IMAGENS NO DESENHO!
MARQUE COM UM CÍRCULO!

CALMA TURMINHA!

VAMOS COLORIR O DESENHO?

O EVANGELHO TEM OS ENSINAMENTOS DE AMOR
QUE JESUS FALOU HÁ MAIS DE DOIS MIL ANOS.

SEMPRE ATUAL

O EVANGELHO, MESMO SENDO TÃO ANTIGO, CONTINUA
ATUAL E PRESENTE NAS NOSSAS VIDAS!

VAMOS COLORIR O DESENHO?

O REINO DOS CÉUS

O REINO DOS CÉUS É CONSTRUÍDO DENTRO DE CADA UM DE NÓS, EM NOSSOS CORAÇÕES!

LIGUE O PENSAMENTO DE CADA PERSONAGEM À SUA RESPECTIVA SOMBRA!

FELICIDADE

"FELIZES OS QUE CHORAM, POIS SERÃO CONSOLADOS"

OBSERVE BEM AS CENAS E MARQUE
AS CINCO DIFERENÇAS ENTRE ELAS!

HUMILDADE

A PESSOA HUMILDE OLHA A TODOS COMO PESSOAS IGUAIS
E NÃO FICA MOSTRANDO O BEM QUE FAZ AOS OUTROS!

LIGUE O PENSAMENTO DE CADA PERSONAGEM
À SUA RESPECTIVA SOMBRA!

PUREZA

"FELIZES OS QUE TÊM PURO O CORAÇÃO,
POIS ELES CONHECERÃO A DEUS!"

OBSERVE BEM AS CENAS E MARQUE
AS CINCO DIFERENÇAS ENTRE ELAS!

PAZ

A PAZ DEVE ESTAR EM NOSSAS VIDAS!

VAMOS COLORIR O DESENHO?

MISERICÓRDIA

DEVEMOS FAZER AS PAZES COM PESSOAS QUE FORAM OFENDIDAS POR NÓS, ENQUANTO ELAS AINDA ESTÃO CONOSCO.

AJUDE A MAGALI A ENCONTRAR O MINGAU!

AMOR

DEVEMOS AMAR O NOSSO PRÓXIMO COMO A NÓS MESMOS!

AJUDE A MARINA A DESENHAR O AMOR! VOCÊ PODE REDESENHAR O ABRAÇO QUE A MÔNICA DEU EM CEBOLINHA!

QUANDO ESTIVER PRONTO, QUE TAL COLORIR?

PERDÃO

NÃO HÁ NADA MELHOR QUE PERDOAR,
ATÉ PARA PODERMOS DORMIR EM PAZ!

– HUM! SE EU DURMO EM PAZ, POSSO SONHAR COM MUITAS MELANCIAS! – BRINCOU MAGALI, TODA SORRIDENTE.

QUANTAS MELANCIAS
MAGALI PENSOU COMER?

RESPOSTA:

AMAR A TODOS

VAMOS COLORIR O DESENHO?

NO EVANGELHO, JESUS FALA
EM AMAR A TODOS OS SERES!

INDULGÊNCIA

É UM SENTIMENTO QUE DEVEMOS TER
PARA PERDOAR AS FALHAS DAS PESSOAS!

A 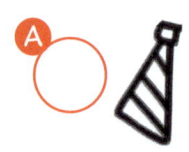 B  C 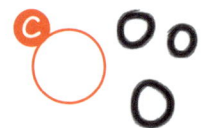 D

E  F  G  H

DESCUBRA A QUAL QUADRO PERTENCE
CADA IMAGEM E COLOQUE O NÚMERO CORRETO!

MARINA ENSINOU O DUDU A DESENHAR EM PAPEL,
EM VEZ DE RABISCAR NOS MUROS!

RESP: 1 (B,F), 2 (C,E,G), 3 (H), 4 (A,D).

PIEDADE

A PIEDADE É A VIRTUDE QUE MAIS APROXIMA AS PESSOAS DOS ANJOS!

AS ESTRELAS APARECENDO NO CÉU
SÃO COMO AS VIRTUDES, CHEIAS DE LUZ!

QUANTAS ESTRELAS
HÁ NESTE DESENHO?

RESPOSTA:

RESP.: 35.

O BEM

QUANDO FAZEMOS ALGO BOM, NINGUÉM PRECISA SABER!

VAMOS INDICAR A QUAL QUADRO PERTENCEM AS IMAGENS, COLOCANDO O NÚMERO CORRETO?

AMAR OS PAIS

DEVEMOS CUIDAR DE NOSSOS PAIS E CERCÁ-LOS DE CARINHOS!

OBSERVE BEM AS CENAS E MARQUE
AS CINCO DIFERENÇAS ENTRE ELAS!

CARIDADE

A CARIDADE É FAZER O BEM A TODOS!

AJUDE A MAGALI A DOAR OS ALIMENTOS PARA AS PESSOAS QUE ESTÃO EM ÁREAS QUE ALAGARAM!

SERVIÇO

"NÃO PODEMOS SERVIR ÀS COISAS DE DEUS
E ÀS DA TERRA AO MESMO TEMPO!"

RESP: 1) MOITA LARANJA, 2) VARANDA DA CASA, 3) CABELO DO CHICO, 4) CERCA, 5) SARDAS DO ZÉ LELÉ.

OBSERVE BEM AS CENAS E MARQUE
AS CINCO DIFERENÇAS ENTRE ELAS!

PERFEIÇÃO

"JESUS ENSINA: "SEJAM PERFEITOS, COMO PERFEITO É DEUS!"

MAS ESSA PERFEIÇÃO NÃO É COM A APARÊNCIA FÍSICA,
E SIM COM AS VIRTUDES!

ENCONTRE AS IMAGENS EM DESTAQUE NO DESENHO!
MARQUE COM UM CÍRCULO!

A CRIANÇA DE BEM

AS CRIANÇAS DE BEM SÃO AS JUSTAS E AMOROSAS COM TODOS: SEUS PAIS, AMIGOS E ANIMAIS!

OBSERVE BEM AS CENAS E MARQUE
AS CINCO DIFERENÇAS ENTRE ELAS!

OS ESCOLHIDOS

DEUS CHAMA A TODOS NÓS PARA O SEU REINO, MAS SÓ SERÃO ESCOLHIDOS OS QUE SE ESFORÇAM EM PRATICAR O BEM!

QUAL DAS BOLAS VAI ENTRAR NO GOL?

RESP.: 3.

FÉ

JESUS ENSINA QUE SE A NOSSA FÉ FOR DO TAMANHO
DE UMA PEQUENA SEMENTE, PODEMOS MOVER MONTANHAS!

VAMOS COLORIR O DESENHO?

OS PROFETAS

SEGUNDO O EVANGELHO, OS BONS PROFETAS
SÃO HOMENS ENVIADOS POR DEUS PARA ORIENTAR
AS PESSOAS A FAZER O BEM!

VAMOS AJUDAR
O CEBOLINHA
A ENCONTRAR
SEUS AMIGOS?

INTELIGÊNCIA

JESUS ENSINA: "COLOCA A LUZ NO LUGAR MAIS ALTO, PARA QUE POSSA ILUMINAR A TODOS QUE ESTÃO EM CASA".

QUAL DOS DETALHES **NÃO** PERTENCE À ILUSTRAÇÃO ACIMA?

TRABALHO

QUANDO UMA PESSOA PRECISAR DE ALGO, DEVE BUSCAR PARA ACHAR. SE BATER À PORTA, ELA SE ABRIRÁ!

QUAL DOS DESENHOS DO SANSÃO, ABAIXO,
É O ÚNICO DIFERENTE DOS DEMAIS?

RESP.: G.

42

DOAÇÃO

"DEVEMOS DAR DE GRAÇA AQUILO QUE DE GRAÇA RECEBEMOS".

QUAL DOS DETALHES **NÃO** PERTENCE À ILUSTRAÇÃO ACIMA?

PEDIDOS

ESPERO QUE TENHAM ~~ENTENDIDO~~ QUE INDEPENDENTEMENTE DA **RELIGIÃO** DE CADA UM, O **EVANGELHO** TEM **COISAS** QUE SE **APLICAM** A PRATICAMENTE **TUDO**. E AS **PRECES**, DE QUE TANTO FALEI, SÃO COMO SE A **GENTE** "CONVERSASSE COM **DEUS**". — AFIRMOU ANDRÉ.

E	M	P	I	P	R	E	C	E	S	B	I
E	B	N	C	G	K	O	P	A	M	E	E
V	S	S	V	E	U	W	E	P	U	M	U
A	E	M	Ã	N	P	T	D	L	F	U	L
N	R	E	N	T	E	N	D	I	D	O	G
G	I	X	Ã	E	O	S	U	C	E	J	E
E	M	C	V	A	A	R	E	A	U	R	T
L	O	I	H	I	L	A	E	M	S	K	U
H	C	O	I	S	A	S	I	L	J	H	D
O	D	K	E	L	Z	H	R	A	A	L	O
L	I	R	E	L	I	G	I	Ã	O	E	A

PROCURE NO DIAGRAMA AS PALAVRAS EM DESTAQUE NO TEXTO!

MEU PEQUENO EVANGELHO

MEU PEQUENO EVANGELHO TRAZ LINDAS MENSAGENS DE **AMOR**, **PAZ**, **BEM**, **PERDÃO**, **PIEDADE**, **FÉ**, **PUREZA**, **INDULGÊNCIA**, **CARIDADE** E **HUMILDADE**, CONTADAS DE FORMA DIVERTIDA COM OS PERSONAGENS MAIS QUERIDOS DO BRASIL.

É	M	P	I	E	D	A	D	E	E	B	I
A	A	N	C	Ê	K	O	P	Ã	M	E	N
P	M	S	V	S	U	W	E	M	U	M	D
U	O	M	A	K	P	T	D	U	F	U	U
R	R	H	U	M	I	L	D	A	D	E	L
E	I	X	A	R	O	S	U	F	H	J	G
Z	M	C	V	D	A	P	E	É	L	R	Ê
A	O	I	H	Ê	L	A	E	K	I	K	N
P	E	R	D	Ã	O	Z	I	H	J	H	C
É	D	K	E	I	Z	H	R	L	A	L	I
L	I	Ã	C	A	R	I	D	A	D	E	A

PROCURE NO DIAGRAMA AS PALAVRAS EM DESTAQUE NO TEXTO!

A DESPEDIDA

"MEUS AMIGOS SERÃO CONHECIDOS POR MUITO SE AMAREM!"

VAMOS COLORIR O DESENHO?

PEÇA A AJUDA DE UM ADULTO PARA COLAR
ESTA FOLHA NUMA CARTOLINA E, DEPOIS, RECORTAR
A MÁSCARA ONDE TEM A TESOURINHA! DIVIRTA-SE!

PEÇA A AJUDA DE UM ADULTO PARA COLAR
ESTA FOLHA NUMA CARTOLINA E, DEPOIS, RECORTAR
A MÁSCARA ONDE TEM A TESOURINHA! DIVIRTA-SE!

PEÇA A AJUDA DE UM ADULTO PARA COLAR
ESTA FOLHA NUMA CARTOLINA E, DEPOIS, RECORTAR
A MÁSCARA ONDE TEM A TESOURINHA! DIVIRTA-SE!

PEÇA A AJUDA DE UM ADULTO PARA COLAR
ESTA FOLHA NUMA CARTOLINA E, DEPOIS, RECORTAR
A MÁSCARA ONDE TEM A TESOURINHA! DIVIRTA-SE!

PEÇA A AJUDA DE UM ADULTO PARA COLAR
ESTA FOLHA NUMA CARTOLINA E, DEPOIS, RECORTAR
A MÁSCARA ONDE TEM A TESOURINHA! DIVIRTA-SE!

PEÇA A AJUDA DE UM ADULTO PARA COLAR
ESTA FOLHA NUMA CARTOLINA E, DEPOIS, RECORTAR
A MÁSCARA ONDE TEM A TESOURINHA! DIVIRTA-SE!

PEÇA A AJUDA DE UM ADULTO PARA COLAR
ESTA FOLHA NUMA CARTOLINA E, DEPOIS, RECORTAR
A MÁSCARA ONDE TEM A TESOURINHA! DIVIRTA-SE!

PEÇA A AJUDA DE UM ADULTO PARA COLAR
ESTA FOLHA NUMA CARTOLINA E, DEPOIS, RECORTAR
A MÁSCARA ONDE TEM A TESOURINHA! DIVIRTA-SE!